Peter Zumthor   Atmosphères

PETER ZUMTHOR ATMOSPHÈRES

Environnements architecturaux · Ce qui m'entoure

Birkhäuser
Basel

« Atmosphere is my style »
J M W Turner à John Ruskin en 1844

Dialogue avec la beauté

Il y a un échange, une alternance entre prendre et donner entre les constructions de Peter Zumthor et leur environnement. Une attention. Un enrichissement. Son architecture évoque immédiatement des notions comme atmosphère ou ambiance – un « état d'âme » de l'espace construit, qui se communique directement aux observateurs, aux habitants, aux visiteurs ainsi qu'au voisinage. Peter Zumthor apprécie les lieux et les maisons où l'être humain se sent en bonnes mains, qui lui fournissent un habitat agréable et le soutiennent discrètement. La lecture intensive du lieu, l'analyse de la fonction, du sens et de la finalité de la commande, l'élaboration du projet, la planification et la conception de l'ouvrage constituent donc un processus d'imbrications complexes et non un processus linéaire simple. Pour Peter Zumthor, l'atmosphère est une catégorie esthétique. Le rôle qu'il lui attribue et la façon dont il en tient compte font l'objet du présent ouvrage. Il reprend le texte de la conférence intitulée « Atmosphères. Environnements architecturaux – ce qui m'entoure », donnée par l'architecte suisse le 1er juin 2003 dans le cadre du festival de musique et de littérature « Wege durch das Land ». Le lieu

Die Toteninsel
(première version), Arnold Böcklin
1880, Kunstmuseum Bâle

de la conférence, le château de Wendlinghausen, convenait à merveille, puisqu'il compte parmi les ouvrages de la « Weserrenaissance ». Cette manifestation s'inscrivait dans le projet « Poetische Landschaft », qui relie lieux et arts de manière enrichissante. Il s'agit de spéculations philosophiques qui, partant toujours d'une localité, y associent une personne, un événement ou un motif littéraires qu'elles explorent à travers les âges, ou qui lient des lieux entre eux, à l'aide de lectures et de concerts faisant intervenir des acteurs, des écrivains et des orchestres allemands et étrangers, accompagnés de théâtre de danse, d'expositions et de discussions. Dans le cadre de ce projet, Peter Zumthor et moi-même nous sommes promenés par monts et par vaux, traversant des localités et des espaces déserts, déstructurés, discutant, nous posant des questions, évoquant des images…

La conférence elle-même était intégrée dans un programme de plusieurs jours qui, s'inspirant de l'architecture « Weserrenaissance » du château de Wendlinghausen, posait la question de la mesure de la beauté. Avec son architecture dépouillée, profondément enracinée dans le paysage et utilisant des matériaux régionaux, l'édifice qui nous accueillait offre en effet dans toute leur pureté les principes architecturaux fondamentaux de cette époque : la commodité et l'agrément, la solidité et la beauté, comme les énumère l'architecte de la Renaissance Andrea Palladio en reprenant Vitruve. Le programme littéraire et musical transporta les spectateurs dans l'Italie du XVIe et du début du XVIIe siècle. La lecture par l'écrivain danois Inger Christensen de son roman *Das gemalte Zimmer* – avec la célèbre *Chambre des époux* peinte par Andrea Mantegna pour le duc de Mantoue – et le *Voyage en Italie* de Goethe, qui visita les édifices de Palladio, permirent de placer le thème de la beauté au centre de la manifestation et de s'interroger sur la manière de la traduire : aussi bien la beauté extérieure, la mesure des choses, leurs proportions, leur matérialité, que la beauté intérieure, le noyau des choses. Peut-être serait-il pertinent de parler à ce propos de la qualité poétique des choses.

Le texte du discours que Peter Zumthor a tenu devant plus de quatre cents personnes a été peu rédigé, afin de préserver son caractère spontané et direct.

Brigitte Labs-Ehlert   Detmold, octobre 2005

Le titre **« Atmosphères »** vient d'une question qui m'intéresse depuis longtemps — intérêt qui, évidemment, cons-
titue un préalable : qu'est-ce, au fond, que la qualité architecturale ? Pour moi, c'est relativement simple. La qualité
architecturale, ce n'est pas avoir sa place dans un guide
d'architecture ou dans l'histoire de l'architecture ou
encore être cité ici ou là. Pour moi, il ne peut s'agir de
qualité architecturale que si le bâtiment me touche. Mais
qu'est-ce qui peut bien me toucher dans ces bâtiments ?
Et comment puis-je le concevoir ? Comment puis-je
concevoir quelque chose comme l'espace qui est
représenté sur cette photographie ? C'est pour moi une
icône, je n'ai jamais vu l'édifice, je crois qu'il n'existe plus,
et je le regarde avec un immense plaisir. Comment est-il
possible de concevoir des choses qui ont une présence si
belle, si évidente, et qui me touche toujours ?

Il y a une notion qui exprime cela, c'est celle d'atmosphère. C'est quelque chose que nous connaissons tous.
La première impression que nous avons d'une personne
en la voyant. J'ai appris qu'il ne faut pas s'y fier, qu'il faut
lui laisser une chance. Aujourd'hui, je suis un peu plus
âgé et je dois dire que j'en suis revenu à cette première

Broad Street Station, Richmond, VA,
John Russel Pope 1919

impression. C'est un peu la même chose en architecture. J'entre dans un bâtiment, je vois un espace, je perçois l'atmosphère et, en une fraction de seconde, j'ai la sensation de ce qui est là.

L'atmosphère agit sur notre perception émotionnelle. C'est une perception d'une rapidité inouïe et qui nous sert, à nous autres êtres humains, apparemment pour survivre. Toutes les situations ne nous laissent en effet pas le temps de réfléchir longtemps si elles nous plaisent ou non, si nous devons prendre la fuite ou non. Il y a quelque chose en nous qui nous dit instantanément beaucoup de choses. Une compréhension immédiate, une émotion immédiate, un rejet immédiat. Quelque chose d'autre que cette pensée linéaire que nous possédons aussi, et que j'aime aussi, qui nous permet de penser intégralement le chemin de A à B. Nous connaissons bien sûr la perception émotionnelle grâce à la musique. Le premier mouvement de cette sonate pour alto de Brahms, l'entrée de l'alto – et en quelques secondes, l'émotion est là ! (Sonate op. 120 n° 2 en mi bémol majeur pour alto et piano). Et je ne sais pas pourquoi. C'est un peu aussi la même chose pour l'architecture. Pas aussi fort que dans la musique, le

Jour de la cuisson du pain à Vrin,
porteuses de pains,
Ernst Brunner 1942, collection Ernst Brunner, Bâle

plus grand des arts, mais c'est là. Je vais vous lire
quelque chose que j'ai écrit à ce propos dans mon carnet
de notes. Pour vous donner une idée de ce que j'entends.
Jeudi saint 2003. Je suis là, assis, une place au soleil,
une grande arcade, longue, haute, bien au soleil. La place
– le front de maisons, l'église, les monuments – comme
un panorama devant moi. Le mur du café dans mon dos.
Il y a du monde, juste ce qu'il faut. Un marché aux fleurs.
Soleil. Onze heures. La façade de l'autre côté de la place
dans une ombre agréablement bleutée. Des bruits
enchanteurs : discussions proches, pas sur le dallage de
la place, oiseaux, légers murmures de la foule, pas de
voiture, pas de bruit de moteur, par moments des bruits
de chantier au loin. Je m'imagine que les jours fériés qui
s'annoncent ont déjà ralenti le pas des gens. Deux
religieuses – c'est de nouveau la réalité, sans imagination
– deux religieuses traversent d'un pied léger la place en
gesticulant, leurs coiffes agitées par le vent, chacune
porte un sac en plastique. Température : agréablement
fraîche, chaude. Je suis assis sous l'arcade, sur un
canapé capitonné vert clair, devant moi la statue de bronze
sur son socle élevé au milieu de la place me tourne le dos

Chapelle Saint-Nicolas de Flüe,
Mechernich. Volume dans
le paysage, maquette d'étude

et regarde comme moi vers l'église à deux tours. Leurs flèches sont inégales. Elles sont semblables à la base puis s'individualisent progressivement vers le haut. L'une est plus haute et porte une couronne d'or autour de son sommet. B. ne va pas tarder à arriver en traversant la place en biais depuis la droite. Qu'est-ce qui m'a touché alors ? Tout. Tout, les choses, les gens, l'air, les bruits, le son, les couleurs, les présences matérielles, les textures, les formes aussi. Des formes que je peux comprendre, que je peux essayer de lire, que je trouve belles. Et quoi encore ? Mon état d'âme, mes sentiments, mon attente d'alors, lorsque j'étais assis là. Et je pense à cette célèbre phrase en anglais renvoyant à Platon : « Beauty is in the eye of the beholder. » Cela signifie que tout est seulement en moi. Mais je fais alors l'expérience suivante : j'élimine la place et je n'éprouve plus les mêmes impressions. Une expérience simple – vous excuserez la simplicité de ma pensée. Mais j'élimine la place – et mes impressions disparaissent. Je ne les aurai jamais eues sans son atmosphère. C'est logique. Il existe une interaction entre les êtres humains et les choses. C'est à quoi je suis confronté comme architecte. C'est ma passion. Il existe une

Palazzo Trissino Baston,
Vincenzo Scamozzi 1592, Vincence,
cour intérieure

magie du réel. Je connais bien sûr la magie de la pensée. La passion de la belle pensée. Mais je parle ici de ce que je trouve souvent encore plus incroyable : la magie des faits, la magie du réel.

En tant qu'architecte, je me demande : qu'est-ce que **« La magie du réel »** — un café dans une maison d'étudiants, une photographie d'Hans Baumgartner datant des années trente. Ces hommes sont assis là et cela leur plaît. Je me demande si je pourrais concevoir comme architecte de pareilles atmosphères, une telle intensité, une telle ambiance. Et si oui, comment ? En ai-je le pouvoir ou non ? Je crois que oui, car s'il y a des bonnes choses, d'autres sont moins bonnes. J'aimerais encore citer une phrase écrite par un musicologue dans une encyclopédie de musique. Je l'ai agrandie et accrochée au mur du bureau en disant : voilà comment nous devons travailler ! Ce musicologue écrit à propos du compositeur dont vous devinerez tout de suite le nom : « Diatonique radicale, scansion rythmique forte et différenciée, précision de la ligne mélodique, clarté et rigueur des harmonies, rayonnement tranchant des sonorités, et, enfin, la simplicité et la transparence du

Maison d'étudiants,
Clausiusstrasse à Zurich,
Hans Baumgartner 1936

tissu musical et la solidité de la structure formelle. »
(André Boucourechliev à propos du « véritable esprit
russe de la grammaire musicale d'Igor Stravinsky »). Cette
citation est maintenant accrochée pour tout le monde
dans le bureau. Elle parle d'atmosphères, car la musique
de ce compositeur a aussi cette propriété de nous toucher
dès la première seconde. Mais ce que je note aussi, dans
cette description, c'est le travail, et c'est une consolation.
Il y a donc un savoir-faire dans cette tâche qui consiste à
créer des atmosphères architecturales. Il y a des
procédés, des intérêts, des instruments et des outils qui
sont partie intégrante de mon travail. Je m'observe et je
vais vous rapporter en neuf chapitres brefs ce que j'ai
trouvé, ce qui me préoccupe quand j'essaie de créer une
certaine atmosphère dans une de mes maisons. Ce sont
des réponses très personnelles, très sensibles, indivi-
duelles. Je n'en ai pas d'autres. Ce sont des sensibilités,
des sensibilités personnelles qui me conduisent à faire
les choses d'une certaine manière.

Première réponse. Titre : **« Le corps de l'architecture »**. La
présence matérielle des choses d'une architecture, d'une

De Meelfabrik, projet, Leiden,
Pays-Bas, réaffectation et
agrandissement, photo de maquette

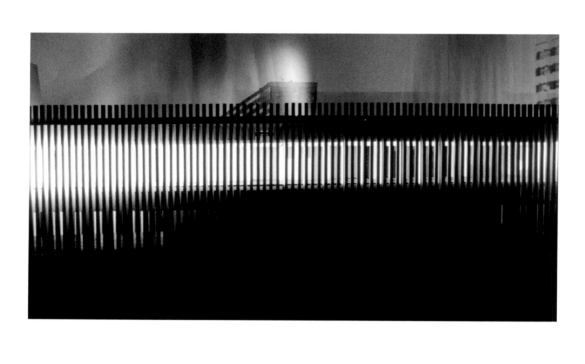

structure. Nous sommes assis dans cette grange, il y a ces séries de poutres, elles-mêmes recouvertes, et ainsi de suite. J'en ai une perception sensorielle. Il me semble que c'est le premier et le plus grand mystère de l'architecture, qu'elle réunisse des matériaux, des choses du monde pour créer cet espace. C'est une sorte d'anatomie. Je prends vraiment la notion de corps presque à la lettre. De la même manière que nous possédons un corps avec une anatomie, une peau et des choses que l'on ne voit pas, etc., c'est ainsi que l'architecture agit sur moi, et c'est ainsi que j'essaie de la penser. Corporellement, comme une masse, une membrane, une matière ou une enveloppe, un drap, du velours, de la soie, tout ce qui m'entoure. Le corps ! Pas l'idée du corps – le corps lui-même ! Qui peut me toucher.

Deuxième réponse – un grand mystère, une grande passion, toujours une grande joie. « **L'harmonie des matériaux** ». Je prends une certaine quantité de chêne et une autre quantité de tuf et j'ajoute encore quelque chose, trois grammes d'argent, une clé – qu'aimeriez-vous encore ? J'aurais besoin de vous comme maître d'ouvrage pour faire cela avec vous. Nous considérerions les choses concrètement,

Centre de documentation « Topographie de la terreur », Berlin. Vue extérieure de l'enveloppe en barres de béton en maquette

d'abord seulement en esprit, mais très vite réellement. Puis nous regarderions comment elles réagiraient les unes avec les autres. Nous connaissons tous ce phénomène ! Les matériaux s'accordent entre eux et se mettent à chanter, et cette composition matérielle donne naissance à quelque chose d'unique. Les matériaux sont infinis. Prenez une pierre, vous pouvez la scier, la poncer, la percer, la fendre et la polir, elle aura toujours un aspect différent. Considérez ensuite la quantité, petite ou grande, et elle changera de nouveau. Et quand vous la placez dans la lumière, elle change encore. Un seul matériau offre déjà des milliers de possibilités. J'aime ce travail, et plus je le fais, plus il gagne en mystère. On a toujours des idées, on s'imagine comment une chose sera. Et quand elle est là – je viens d'en faire l'expérience la semaine dernière. J'étais persuadé de ne pas pouvoir utiliser un bois de cèdre tendre pour le revêtement d'une grande pièce de séjour dans un bâtiment en béton apparent, il est trop tendre, j'avais besoin d'un bois plus dur, presque comme l'ébène, qui ait une masse et une densité à opposer à ce béton apparent et qui possède cet éclat incroyable. Nous avons alors apporté des échantillons de ce bois sur le chantier. C'était incroyable ! Le cèdre allait

Chapelle Saint-Nicolas de Flüe, Mechernich. Maquette d'étude, sol en plomb et surface d'eau

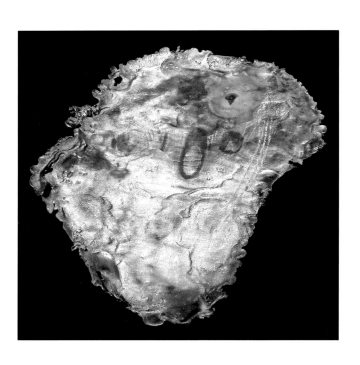

mieux ! Il m'est apparu tout d'un coup que ce cèdre pourtant si tendre s'affirmait sans problème dans cet environnement. J'ai donc éliminé le palissandre, l'acajou. Une année plus tard, des bois précieux, sombres, durs, richement veinés, étaient de nouveau là, à côté de bois plus tendres, plus clairs. Finalement, le cèdre avait une structure trop linéaire, il était trop sec ; on ne l'a pas utilisé. C'est un exemple de ces mystères qui surgissent à chaque occasion. Et il y a encore un autre facteur. Cette distance, cette proximité critique des matériaux entre eux, qui dépend du matériau lui-même et de son poids. Dans un ouvrage, vous pouvez assembler des matériaux, et il y a alors un point où ils sont trop éloignés et où ils ne vibrent pas ensemble, et il y a aussi un point où ils deviennent trop proches, ce qui les tue. Cela veut dire que l'assemblage dans l'ouvrage a donc beaucoup affaire avec… – vous voyez ce que je veux dire ! J'aimerais encore citer Palladio, chez qui je sens cela, chez qui j'ai chaque fois senti cela. Cette énergie de l'atmosphère chez Palladio – j'ai toujours eu le sentiment que cet architecte devait avoir eu un sens incroyable de la présence et du poids des matériaux, de ces choses dont je viens d'essayer de parler.

Chapelle Saint-Nicolas de Flüe, Mechernich. Échantillon de coulage de plomb pour le sol

Troisièmement. **« Le son de l'espace ».** Écoutez ! Chaque espace fonctionne comme un grand instrument, il rassemble les sons, les amplifie, les retransmet. Ce processus dépend de la forme et de la surface des matériaux et de la manière dont ils sont fixés. Exemple : imaginez un magnifique sol en épicéa semblable à la table d'harmonie d'un violon posé sur les poutres en bois de votre logement. Ou bien collé directement sur une dalle de béton ! Ressentez-vous la différence de son ? Oui. Malheureusement, aujourd'hui, beaucoup de gens ne perçoivent pas le son de l'espace. Le son de l'espace – personnellement, ce qui me vient à l'esprit en premier, ce sont les bruits de ma mère dans la cuisine lorsque j'étais gamin. Ils m'ont toujours rendu heureux. Je pouvais être dans une autre pièce et je savais toujours que ma mère était là, derrière, en train de faire du bruit en utilisant les poêles et les ustensiles de cuisine. Mais vous entendez aussi les pas dans une grande halle, vous entendez les bruits dans un hall de gare, vous entendez les bruits de la ville, etc. Si je vais encore plus loin – cela devient peut-être un peu mystique – et que je m'imagine que nous éliminions tous les bruits étrangers à un bâtiment, qu'il n'y ait plus rien qui puisse toucher quoi

Thermes de Vals,
Peter Zumthor 1996,
Vals, Grisons

que ce soit. On peut alors se demander s'il aura malgré tout un son. Faites vous-mêmes l'expérience. Je crois que les bâtiments produisent toujours un son. Ils produisent un son par eux-mêmes. Je ne sais pas ce que c'est. C'est peut-être le vent, ou quelque chose d'analogue. Mais c'est seulement lorsqu'on va dans une chambre sourde qu'on sent que quelque chose est différent. Je trouve ça beau ! Je trouve magnifique de construire un bâtiment en le pensant à partir du silence. Il faudra beaucoup pour le rendre silencieux, car notre monde est si bruyant. Ici, chez vous, il l'est moins. Mais je connais des endroits qui sont plus bruyants, où il faut faire beaucoup de choses pour que les espaces deviennent calmes et pour, à partir du silence, s'imaginer alors quel son donneront telles proportions et tels matériaux. Cela sonne un peu comme un sermon dominical. Mais en plus simple, plus pragmatique peut-être. Quel son rendra vraiment la pièce quand nous la traverserons ? Quand nous parlerons, quand nous discuterons ? Quand je veux discuter et lire au salon avec trois bons amis un dimanche après-midi ? J'ai noté ici : la fermeture de la porte. Il y a des bâtiments qui ont un son magnifique, qui me disent : je suis à la maison, je ne suis pas

Corps sonore suisse,
Expo 2000 Hanovre

seul. C'est probablement cette image maternelle dont je ne me défais pas et dont, à vrai dire, je ne veux pas me défaire.

Quatrièmement. **« La température de l'espace »**. J'en suis toujours à nommer les choses importantes pour créer des atmosphères. La température est l'une d'elles. Je crois que chaque bâtiment a une température déterminée. Je vais vous expliquer ce que j'entends par là, même si ce n'est pas mon fort, c'est un phénomène qui m'intéresse énormément. Les plus belles choses nous arrivent souvent par surprise. Pour construire le pavillon Suisse à Hanovre, nous avons utilisé beaucoup de bois, beaucoup de poutres en bois. Quand il faisait chaud, il faisait, dans le pavillon, frais comme dans une forêt, et quand il faisait frais dehors, il y faisait plus chaud, alors qu'il n'était pas fermé. On sait que les matériaux tirent plus ou moins de chaleur de notre corps. L'acier est froid et prend la chaleur, c'est connu. Mais ce qui me vient à l'esprit quand je pense à mon travail, c'est aussi le mot « tempérer ». Peut-être un peu comme l'on parle de gamme tempérée en musique, la recherche de la bonne tonalité. Aussi bien dans un sens littéral qu'abstrait. Cela veut dire que cette

Projet pour un centre de formation et un parc paysager au bord du lac de Zoug, Suisse, maquette d'étude, détail

température est physique et probablement aussi psy-
chique. Ce que je vois, ce que je sens, ce que je touche,
ce avec quoi mes pieds entrent en contact.

Corps sonore suisse,
Expo 2000 Hanovre

Cinquièmement. Il y a neuf points en tout et nous en
sommes au cinquième. Je ne voudrais pas vous ennuyer.
Cinquièmement. **« Les objets qui m'entourent »**. Lorsque
j'entre dans des bâtiments, chez des gens, des amis, des
connaissances, des inconnus, je suis impressionné par
les objets que les gens ont chez eux, dans leur logement
ou à leur lieu de travail. Et parfois – je ne sais pas si vous
avez ressenti cela – je constate qu'il y a une relation profonde, un amour, un soin, que cela va ensemble. Un
exemple : à Cologne, il y a deux mois, le jeune Peter Böhm
m'a fait visiter deux maisons de Bienefeld. C'était la première fois que je les découvrais de l'intérieur. Samedi,
neuf heures du matin. Il y avait quelque chose d'absolument impressionnant ! Ces maisons possèdent un nombre incroyable de détails remarquables, on pourrait même
presque dire de détails excessifs ! On sent partout comment cet Heinz Bienefeld a fait les choses. Et puis les
gens. L'un était professeur de lycée et l'autre était juge, et

ils étaient tous habillés comme l'est la bourgeoisie allemande le samedi matin. Et il y avait tous ces objets. Des
beaux objets, des beaux livres, ils étaient tous exposés, il
y avait des instruments, des clavecins, des violons, etc.
Mais les livres… Cela m'a beaucoup impressionné, c'était
très parlant. Je me suis demandé si c'était le rôle de l'architecture de créer ce réceptacle pour accueillir ces
objets. Ou le monde du travail, ou bien la gare ou n'importe quoi d'autre. Je me permets de vous raconter une
petite anecdote. J'ai parlé de cela à mes étudiants il y a
quelques mois. Il y avait parmi eux une assistante chy-
priote – difficile de grandir à Chypre –, une excellente
architecte. Elle avait conçu une petite table de café,
qu'elle aurait bien aimé garder pour elle. Après la conférence, durant laquelle j'avais parlé un peu plus en détail
des objets qui m'entourent, elle me dit : « Je ne suis pas
du tout d'accord. Ces objets nous accablent. J'ai toutes
mes affaires dans un sac à dos. J'aimerais toujours être
en chemin. Ce truc, ce poids, ce poids bourgeois des
objets, tout le monde n'a pas envie de le porter. » Je l'ai
regardée et j'ai dit : « Et cette table de café que tu voulais
absolument avoir ? » Elle n'a plus rien dit. Il semble donc

Corps sonore suisse,
Expo 2000 Hanovre

que ce soit quelque chose que nous connaissons tous. Je vous donne des exemples un peu nostalgiques. Mais c'est pareil lorsque je fais un bar, un bar branché quelque part, ou lorsque j'aménage une discothèque, et cela devrait bien sûr être la même chose dans le cas d'une « Maison de la littérature », mais là il faudrait un peu de contrepoison, pour éviter que tout devienne trop contemplatif. Cette idée que des objets que je ne fais pas comme architecte mais auxquels je pense prendront place dans un bâtiment me permet d'entrevoir l'avenir de mes bâtiments qui aura lieu sans moi. Cela m'aide toujours de me représenter l'avenir des pièces, des maisons, comment elles seront utilisées. En anglais, on dirait *a sense of home*. En alle-mand, je ne sais pas, puisqu'on ne peut plus dire *Heimat* [patrie, pays natal]. Dans mon carnet de notes, il y a une indication comme quoi je devrais trouver quelque chose à ce sujet chez Nietzsche : *Le Voyageur et son ombre*, aphorisme 280, apparence et essence [*Sein*] dans le monde de la marchandise, et aussi dans les *Fragments posthumes*, 1880/81 : « Avant tout sa présence (de la chose) comme corps et substance… » J'aimerais aussi lire à ce sujet *Le Système des objets* de Baudrillard, paru en 1968.

Dans l'atelier Zumthor

Il y a un autre thème qui me préoccupe toujours, qui me passionne dans mon travail. C'est le sixième point, je l'intitule **« Entre sérénité et séduction »**. Il renvoie au fait que nous nous déplaçons dans l'architecture. Les gens disent toujours que l'architecture est un art de l'espace, mais c'est aussi un art du temps. Je n'en fais pas l'expérience en une fraction de seconde. Wolfgang Rihm et moi-même étions d'avis qu'à l'instar de la musique, l'architecture est aussi un art du temps. Cela veut dire que je réfléchis à la manière dont nous nous déplaçons dans le bâtiment, et c'est là qu'interviennent ces pôles de tension avec lesquels j'aime travailler. Je vous donne un exemple, peut-être à propos de ces thermes que nous avons construits. Pour nous, il était extrêmement important de produire une sorte de « flânerie libre », dans une ambiance qui nous séduit plus qu'elle nous dirige. Dans un couloir d'hôpital, par exemple, on est dirigé. Mais il y a aussi la séduction, le laisser-aller, la flânerie, et cela, comme architecte, nous pouvons le créer. C'est parfois un peu une affaire de mise en scène. Dans ces bains, nous avons essayé de développer les unités spatiales jusqu'au point où elles existent par elles-mêmes. C'est ce que nous avons essayé, je ne

Pont en Italie

sais pas si nous y sommes parvenus, mais je crois que nous nous en sommes pas mal tirés. Des espaces — où je suis et qui commencent à me donner un appui spatial, où je ne suis pas seulement de passage. Je suis là, mais déjà plus loin, à l'angle, quelque chose m'attire déjà, une lumière qui tombe, et alors je poursuis ma flânerie. Je dois dire que c'est un de mes plus grands plaisirs : ne pas être dirigé, mais pouvoir flâner librement, ce que l'anglais désigne par *drifting*. C'est un peu comme un voyage de découverte. Comme architecte, je dois veiller à ce que cela ne devienne pas un labyrinthe, si ce n'est pas ce que je veux. Je fais alors des exceptions, je réintroduis des indications permettant de s'orienter, vous connaissez tous cela. Diriger, séduire, laisser aller, donner de la liberté. Pour un usage déterminé, il est bien plus judicieux de créer un calme, une sérénité, un lieu où vous ne devez pas courir partout et où vous ne devez pas chercher la porte. Où rien ne vous attire, où vous êtes simplement là. Les auditoriums, par exemple, devraient être ainsi. Ou les pièces de séjour. Ou les cinémas. Le cinéma où, bien sûr, j'apprends toujours beaucoup à ce sujet. C'est clair. Les cameramans et les réalisateurs travaillent avec la même

Corps sonore suisse, Expo 2000 Hanovre

succession de séquences. Et c'est ce que j'essaie de faire dans mes bâtiments. Pour que cela me plaise, pour que cela vous plaise et surtout pour que cela convienne à l'usage du bâtiment. Emmener, préparer, susciter des heureuses surprises, de la détente, mais — je dois le préciser — toujours de manière à ce qu'il n'y ait rien de didactique, que tout semble aller de soi.

Septièmement. C'est là encore une chose très particulière qui me fascine dans l'architecture. **« La tension entre intérieur et extérieur »**. C'est incroyable. Qu'en architecture, nous prenions un morceau du globe pour construire une petite boîte. Et soudain il y a un intérieur et un extérieur. Être dedans, être dehors. Fantastique ! Ce qui veut dire — c'est fantastique aussi: seuils, passages, petite ouverture pour se faufiler, transition imperceptible entre intérieur et extérieur, une incroyable sensation du lieu, de la concentration, lorsque soudain cette enveloppe est autour de soi et nous rassemble et nous tient, seul ou en groupe. C'est là que se joue le jeu de l'individuel et du collectif, du privé et du public. L'architecture travaille avec cela. J'ai un château, j'y habite et à l'extérieur, je vous

I Ching Gallery, pavillon pour la sculpture de Walter De Maria intitulée *I Ching*, projet, Dia Center for the Arts, Beacon, NY, USA

montre cette façade. Cette façade dit : je suis, je peux, je
veux, bref, tout ce que le maître de l'ouvrage et l'architecte voulaient conjointement exprimer. Et la façade dit
aussi : mais je ne vous montre pas tout. Certaines choses
sont à l'intérieur, mais elles ne vous regardent pas. C'est
vrai pour un château aussi bien que pour un appartement
en ville. Nous utilisons des signes. Nous observons. Je
ne sais pas si vous me suivez dans ce qui me passionne
ici. Cela n'a rien à voir avec du voyeurisme, au contraire,
c'est lié de près à l'atmosphère. Pensez à *Rear Window*
[*Fenêtre sur cour*] d'Alfred Hitchcock. La vie vue de l'extérieur par cette fenêtre. Un classique. Vous voyez cette
dame dans une robe rouge, par la fenêtre éclairée et
vous ne savez pas ce qu'elle fait, alors que pourtant, on
voit quelque chose ! Ou l'inverse : *Early Sunday Morning*
d'Edward Hopper. La femme assise à l'intérieur qui regarde
la ville par la fenêtre. Je suis fier que, comme architectes,
nous ayons le pouvoir de faire ces choses pour chaque
bâtiment. Et à chaque projet, je me demande : qu'est-ce
que je veux voir – moi ou la personne qui l'utilise – quand
je suis à l'intérieur ? Qu'est-ce que je veux que les autres
voient de moi ? Et à quoi est-ce que je fais référence avec

Établissement vinicole Domino
de Pingus, Projet 2003, Penafiel,
Espagne

mon bâtiment, qu'est-ce que je veux rendre public ? Les bâtiments disent toujours quelque chose à une rue ou une place. Ils peuvent dire à la place : je suis heureux d'être à cette place. Ou ils peuvent dire : je suis le plus beau bâtiment ici – vous autres, vous êtes tous laids. Je suis comme une diva. Les bâtiments peuvent dire tout cela.

J'en viens maintenant à une chose que je découvre pour la première fois et qui au fond m'intéresse depuis toujours. Je ne sais pas beaucoup de choses à ce propos – comme vous allez tout de suite le remarquer – mais c'est là. Je dois continuer à y réfléchir. Je l'ai intitulé **« Paliers d'intimité »**. Cela concerne la proximité et la distance. Les architectes classiques parleraient d'échelle. Mais c'est trop académique. J'entends quelque chose de plus corporel que l'échelle ou la dimension. Cela touche différents aspects, la taille, la dimension, l'échelle, la masse de la construction par rapport à moi. Le fait qu'elle soit plus grande que moi, bien plus grande que moi. Ou que des parties de la construction soient plus petites que moi. Les poignées de portes, les charnières ou les éléments de

Natura morta, Giorgio Morandi
1963, Museo Morandi Bologna

raccords, les portes. Connaissez-vous cette porte haute et étroite qui donne bonne figure à toutes les personnes qui y passent ? Connaissez-vous cette porte large, un peu ennuyante, informe ? Connaissez-vous ces grands portails intimidants, où la personne qui ouvre peut avoir de l'allure ou être fiére ? Je veux parler de la taille, de la masse et de la lourdeur des choses. La porte mince et la porte épaisse. Le mur épais et le mur mince. Connaissez-vous de tels bâtiments ? Ils me fascinent. Et j'essaie toujours de faire des bâtiments où la forme intérieure, donc l'espace vide à l'intérieur, n'est pas semblable à la forme extérieure. Où vous ne pouvez pas simplement prendre un plan et y tirer des traits, là, pour les murs, douze centimètres d'épaisseur, et cette division définit l'extérieur et l'intérieur, mais qui offre au contraire des masses cachées à l'intérieur, que vous ne reconnaissez pas. C'est comme un clocher aux murs évidés dans lesquels vous monteriez. C'est un exemple parmi des milliers, qui ont à faire avec ce poids et avec la taille. Avec des choses aussi grandes que moi, ou plus petites que moi. Et ce qui est intéressant, c'est que les choses plus grandes que moi peuvent m'intimider, comme les édifices de représentation

Kunsthaus Bregenz,
Peter Zumthor 1997. Bar

de l'État, la banque du XIXe siècle, des colonnes, ce genre de choses. Ou alors, la villa Rotonda de Palladio, dont on a déjà parlé hier. Vaste, monumentale, mais où, lorsque je m'y tiens, je ne suis pas intimidé, mais me sens presque transporté, si j'ose utiliser cet adjectif. L'environnement ne m'intimide pas, mais, d'une certaine façon, me grandit, ou me permet de respirer plus librement — je ne sais pas comment nommer cette sensation, mais vous savez ce que je veux dire. Ce qui est étonnant, c'est qu'il y a les deux. On ne peut donc pas simplement dire que ce qui est grand est mauvais, que l'échelle humaine manque, comme on l'entend parfois dans des discussions d'amateurs et parfois aussi chez les architectes. Dans ce cas, l'échelle humaine signifie quelque chose à peu près de notre taille. Mais ce n'est pas aussi simple. Et il y a encore une réflexion à mettre en relation avec ce caractère vaste de l'espace, avec cette proximité et cette distance entre moi et les ouvrages construits — j'aime l'idée de faire quelque chose pour moi seul, pour une seule personne. Pour moi seul ou pour moi comme membre d'un groupe, ce qui est une tout autre histoire. Vous avez vu avant ce beau café pour les étudiants et là, cette magnifique villa

Villa Rocca,
Vincenzo Scamozzi
1575, Pisana

de Le Corbusier sur cette photographie. Je serais fier de l'avoir faite. Il y a donc la situation où je suis seul, celle où je suis seul mais avec d'autres à l'intérieur d'un groupe et celle où je suis seul dans la masse. Un stade de football. D'accord. Un palais. Et je trouve qu'il faut penser à ces choses. Et je crois que j'ai la capacité de bien penser ces situations, toutes ces situations. La seule qui me pose des grands problèmes, ce sont les gratte-ciel – je dois vous le dire, car même si j'aimerais bien y arriver, je n'y parviens pas. Je n'arrive pas à m'imaginer, moi et un grand nombre de personnes, 5 000 ou je ne sais combien, dans un gratte-ciel ; comment je devrais faire pour que je me sente bien avec autant de monde dans une de ces tours. En général, ce que je vois dans les tours, c'est une forme extérieure, qui parle un langage avec la ville, un langage qui peut être bon, ou mauvais, qu'importe. Une sensation que je peux très bien m'imaginer, c'est un stade de football pour 50 000 personnes, faire un tel « chaudron » pourrait être une très belle expérience. Hier. Vicence, le *Teatro Olimpico*. Nous en avons magistralement entendu parler par Goethe, qui l'avait déjà vu il y a déjà fort longtemps. Et il regarde, c'est ce qui est fantas-

Villa Sarabhai,
Le Corbusier
1955, Ahmedabad

tique, chez lui, il sait regarder. Voilà ce que j'entends par ces paliers de l'intimité, qui ne cessent de me préoccuper.

Dernier chapitre. Quand j'ai écrit ces lignes, il y a quelques mois, j'étais assis dans une pièce, chez moi, dans le séjour, et je me suis demandé : qu'est-ce qu'il manque encore ? Est-ce tout ? Est-ce que ce sont là tous les thèmes qui te préoccupent ? Et soudain je l'ai vue. C'était assez facile. « **La lumière sur les choses** ». J'ai observé attentivement la pièce et ce dont elle a vraiment l'air pendant cinq minutes. Comment était la lumière. Et c'était fantastique ! C'est sûrement la même chose chez vous. Comment la lumière tombait et où. Où étaient les ombres. Et comment les surfaces étaient indifférentes ou éclatantes, ou semblaient venir des profondeurs. J'ai remarqué cela de nouveau plus tard, lorsque Walter De Maria, un artiste américain, m'a montré un nouveau travail pour le Japon. Ce devait être une halle immense, deux, trois fois cette grange. Ouverte sur le devant et s'obscurcissant totalement vers le fond. Et là, au fond, il y avait deux ou trois très grandes boules de pierre, en pierre massive, énormes. Tout au fond, il y avait des barres de bois,

Laiterie Toni, Zurich

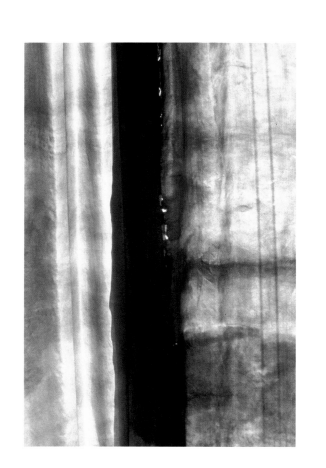

recouvertes d'or en feuille. Et cet or en feuille – c'est un phénomène connu, mais cela m'a une nouvelle fois touché lorsque je l'ai vu – luisait dans la profondeur de cet espace obscur ! Cela signifie que dans la plus profonde obscurité, cet or semble pouvoir saisir d'infimes quantités de lumière et la refléter.

Dans ce contexte, j'ai deux idées de prédilection auxquelles je me réfère toujours. Nous n'attendons évidemment pas d'avoir achevé de construire un bâtiment pour appeler un électricien et nous demander où nous allons mettre les luminaires et comment nous voulons l'éclairer. Non, nous y pensons dès le début. Ma première idée est la suivante : penser d'abord le bâtiment comme une masse d'ombre et placer ensuite les éclairages comme par un processus d'évidement, comme si on laissait la lumière y pénétrer. Maintenant, j'en viens déjà à la deuxième idée – tout ça est très logique, il ne s'agit pas de secrets, tout le monde le fait. Cette deuxième idée consiste à placer systématiquement les matériaux et les surfaces à la lumière, puis de voir comment ils la réfléchissent. Choisir donc les matériaux en ayant conscience de la lumière pour faire quelque chose de juste. Ces derniers jours, j'ai été très

Maison Zumthor, 2005,
Rideaux en soie de Koho Mori

attristé de voir combien peu de maisons, dans ce paysage
magnifique, utilisent la lumière. La nature, la lumière du
soleil sont d'une beauté renversante, et au milieu de cela,
il y a ces maisons éteintes – je ne sais pas ce que c'est,
je ne sais pas avec quoi ils les enduisent. On voit seulement qu'elles sont toutes mortes. Une maison sur dix a
encore un vieux coin où soudain quelque chose luit
encore, où quelque chose se passe. C'est pourtant si
beau de choisir des matériaux, des tissus, des habits qui
sont mis en valeur dans la lumière et de les combiner
entre eux. Parlant de lumière naturelle et de lumière artificielle, je dois vous avouer que la lumière naturelle, la
lumière sur les choses me touche parfois tellement que je
crois y sentir quelque chose de spirituel. Quand le soleil
se lève le matin – je l'admire toujours, c'est vraiment fantastique ce retour chaque matin – et qu'il éclaire de nouveau les choses, il me semble que cette lumière ne vient
pas de ce monde ! Je ne la comprends pas. J'ai l'impression qu'il y a quelque chose de plus grand que je ne comprends pas. Je suis très heureux, je suis infiniment recon-
naissant qu'il en soit ainsi. Et je le serai aussi quand nous
serons de nouveau dehors. Et pour moi, en tant qu'archi-

Pavillon, Louise Bourgeois,
maquette d'étude, Dia Center for
the Arts, Beacon, NY, USA

tecte, cette lumière naturelle vaut mille fois mieux que la lumière artificielle.

Voilà, j'ai fini. Mais je me demande encore : Ai-je tout dit ? Et je dois vous avouer quelque chose : je dois encore ajouter trois petits appendices. Je crois que les neuf choses dont je vous ai parlé sont les points de départ de ma réflexion et de mon travail et de celui que nous menons au bureau, et il se peut qu'ils soient un peu idio-syncrasiques. Mais je pense qu'on peut plus ou moins les objectiver. Or, ce que je vais vous dire maintenant est plus personnel et peut-être encore plus difficile à objectiver que ce dont j'ai parlé jusqu'ici. Mais si je parle de mon tra-vail, je dois bien parler de ce qui me motive. Et il y a encore trois choses.

Le premier dépassement, la première transcendance serait maintenant : « **L'architecture comme environnement** ». L'idée de faire un bâtiment, un grand complexe ou un petit édifice, et qu'il devienne une partie d'un environnement me plaît beaucoup. Tout à fait dans le sens de Handke. (Peter Handke a décrit l'environnement physique de dif-

Chapelle Saint-Nicolas de Flüe, Mechernich. Ouverture vers le ciel. Maquette d'étude

férentes manières, par exemple dans le recueil d'inter-
views intitulé *Espaces intermédiaires*). Et c'est l'environnement d'hommes, qu'il soit le mien ou non, et il devient
une partie de leur vie, les enfants grandissent là. Peut-
être que 25 ans après, ils se souviendront inconsciem-
ment d'un bâtiment, d'un coin, d'une rue, d'une place,
sans connaître l'architecte, ce qui n'est d'ailleurs pas
important. Mais cette idée que les choses sont là — je me
souviens moi aussi de beaucoup de choses construites
dans le monde, que je n'ai pas réalisées, mais qui m'ont
touché, animé, soulagé, aidé. C'est pour moi bien plus
beau de penser que peut-être quelqu'un se souviendra de
ce bâtiment dans 25 ou 30 ans. Peut-être parce qu'il y
aura embrassé son premier amour de jeunesse. La raison
est ici secondaire. Pour être clair, cette idée me plaît
beaucoup plus que de me dire que ce bâtiment sera
encore cité dans 35 ans dans une encyclopédie d'architecture. C'est un tout autre niveau. Et le deuxième ne
m'aide pas au moment de concevoir le projet. Voilà pour
la première transcendance, cette tentative, l'architecture
comme environnement humain. Peut-être que pour finir, il
faut que j'admette que cela a un peu affaire avec l'amour.

Museum Kolumba, chantier,
Cologne

J'aime l'architecture, j'aime les environnements bâtis et je crois que j'aime quand les gens l'aiment aussi. Je dois avouer que je serais content si j'arrivais à créer des choses que les autres gens aiment.

Deuxième appendice. Comment l'ai-je intitulé ? « **Consonance** ». C'est aussi davantage une sensation. J'entends par là qu'il y a toutes ces réflexions liées au faire et à la réalisation en architecture, qui se déroulent encore à un tout autre niveau, un niveau professionnel, dont je ne parle pas ici. Je considère que c'est le quotidien du bureau, qu'on peut en parler à l'université et au bureau, non ? C'est plus de la didactique. Tout ce que je fais, toutes ces décisions que je prends — il y a mille situations où l'architecte doit se décider, j'aimerais bien qu'elles trouvent leur solution en fonction d'un usage. Pour moi, le plus grand compliment, c'est quand on ne peut pas lire de forme dans mon bâtiment, quand on ne peut pas dire, ah, tu as voulu faire une forme vraiment cool, mais quand tout s'explique par l'usage. Ce serait le plus beau des compliments. Et je ne suis pas le seul dans l'architecture, c'est une tradition très ancienne, aussi en littérature,

Hôtel de montagne, projet 2000, Tschlin, Grisons

dans l'écriture, etc. Et dans l'art. Je crois qu'on peut l'exprimer par la belle expression : les choses sont à leur place. Parce qu'elles sont ce qu'elles veulent être. Et l'architecture est faite pour notre usage. Ce n'est pas un art libre. C'est la plus haute mission de l'architecture que d'être un art appliqué. Mais le plus beau, c'est quand les choses se sont trouvées elles-mêmes, qu'elles forment une consonance. Alors tout renvoie à tout et vous ne pouvez plus rien ôter. Le lieu, l'usage et la forme. La forme renvoie au lieu, le lieu est comme cela et l'usage renvoie à ceci et cela.

Et maintenant il manque encore une chose, et ce sera vraiment la dernière. Et d'une certaine manière, elle est déjà présente. En neuf chapitres et deux appendices, j'ai réussi à ne pas parler de la forme. Vous le sentez très bien, c'est une de mes passions, elle m'aide beaucoup à travailler. Nous ne travaillons pas sur la forme, nous travaillons sur toutes les autres choses. Le son, les bruits, les matériaux, la construction, l'anatomie, etc. Tout au début, le corps de l'architecture est construction, anatomie, logique du construire. Nous travaillons à toutes ces

Restaurant d'été sur l'île d'Ufenau,
lac de Zurich, projet,
maquette d'étude

choses et considérons toujours en même temps le lieu et l'usage. Je n'ai rien d'autre à faire : ça, c'est le lieu, il est donné, je peux l'influencer ou non, et ça, c'est l'usage. En général, nous avons une grande maquette ou un dessin, le plus souvent une maquette, et il arrive qu'un projet fonctionne sous de nombreux aspects, et que je le regarde et dise : oui, ça marche, certes, mais ce n'est pas beau ! Cela veut donc dire qu'en définitive, je regarde quand même les choses. Et je crois que quand le travail est réussi, elles ont pris une forme qui, après un long travail, m'étonne souvent. Je me dis alors que je n'aurais jamais pu me l'imaginer ainsi dès le début. Et c'est seulement parfois possible maintenant, après tant d'années – *slow architecture*. Je suis alors très heureux, et fier aussi. Mais si, à la fin, je trouve que ce n'est pas beau – terme auquel je ne recours que maintenant, car il y a des livres sur l'esthétique –, quand cette forme ne me touche pas, je retourne en arrière et recommence depuis le début. Cela veut dire que mon dernier chapitre ou mon but est donc bien en fin de compte **« La belle forme »**. Je la retrouve peut-être dans des icônes, parfois dans des natures mortes, mais aussi dans les outils de tous les jours, qui

Centre de documentation « Topographie de la terreur », Berlin. Tour d'escalier ouest, chantier, démolie en 2004

m'aident à voir comment quelque chose a trouvé sa forme, dans la littérature et la musique. Je vous remercie de votre attention.

Annunziata, Antonello da Messina 1475-76, Galleria Regionale della Sicilia di Palazzo Abatellis, Palerme

Traduction de l'allemand : Yves Rosset
Rédaction du texte français : Catherine Dumont d'Ayot

Cet ouvrage est basé sur une conférence donnée le 1ᵉʳ juin 2003 dans la Grange des arts au château de Wendlinghausen, « Wege durch das Land – Literatur- und Musikfest in Ostwestfalen-Lippe »

Mise en page et couverture : Ernst-Reinhardt Ehlert

Composé en Traffic-Mager, fonte de FSB, avec l'autorisation de Franz Schneider Brakel Gmbh + Co KG.

Library of Congress Control Number: 2021949737

Information bibliographique de la Deutsche Nationalbibliothek
La Deutsche Nationalbibliothek a répertorié cette publication dans la Deutsche Nationalbibliografie ; les données bibliographiques détaillées peuvent être consultées sur Internet à l'adresse http://dnb.dnb.de.

Ce livre est aussi paru en version allemande (ISBN 978-3-7643-7494-5)
et anglaise (ISBN 978-3-7643-7495-2).

Réimpression 2022
© 2008 Birkhäuser Verlag GmbH, Bâle
Case postale 44, 4009 Bâle, Suisse
Membre de Walter de Gruyter GmbH, Berlin/Boston

Imprimé sur papier sans acide, composé de tissus cellulaires blanchis sans chlore. TCF ∞
Imprimé en Allemagne

ISBN 978-3-7643-8841-6

9 8 7 6
www.birkhauser.com

Peter Zumthor

Né en 1943 à Bâle, Peter Zumthor a suivi une formation d'ébéniste, de créateur visuel et d'architecte à l'École des arts appliqués à Bâle et au Pratt Institute à New York. Il a depuis 1978 son propre bureau d'architecture à Haldenstein, en Suisse. 1996–2008 il était professeur à l'Accademia di architettura, Università della Svizerra italiana.

Ses principales réalisations : *Abri pour vestiges gallo-romains,* Coire, 1986 ; *Caplutta Sogn Benedetg,* Sumvitg 1988 ; *Maison de retraite,* Coire-Masans, 1993 ; *Thermes de Vals,* 1996 ; *Kunsthaus Bregenz,* 1997 ; *Corps sonore suisse, Pavillon Expo 2000,* Hanovre ; *Centre de documentation* « Topographie de la terreur », 1997, les parties construites ont été démolies en 2004 par le Land de Berlin ; *Kolumba Kunstmuseum,* Cologne, 2007 ; *Chapelle Bruder Klaus,* Hof Scheidtweiler, Mechernich, Allemagne, 2007 ; *Maisons d'habitation pour Annalisa et Peter Zumthor, Oberhus et Unterhus,* Vals, Leis, 2009 ; *Steilneset, Memorial for the Victims of the Witch Trials in Vardø,* Finnmark, Norvège, 2011 ; *Serpentine Gallery Pavilion,* Londres, 2011 ; *Werkraumhaus,* Andelsbuch, Autriche, 2013.